Pureza demolida

Purity Demolished

PARED CONTIGUA
Colección de poesía
Homenaje a María Victoria Atencia

Homage to Maria Victoria Atencia
Poetry Collection
ADJOINING WALL

Fernando Operé

PUREZA DEMOLIDA

PURITY DEMOLISHED

Translated by:
Melissa Frost

Nueva York Poetry Press LLC
128 Madison Avenue, Office 2RN
New York, NY 10016, USA
Telephone number: +1(929)354-7778
nuevayork.poetrypress@gmail.com
www.nuevayorkpoetrypress.com

Pureza demolida / Purity Demolished

© 2025 Fernando Operé

ISBN-13: 978-1-966772-40-8

© *Poetry Collection*
Adjoining Wall, vol.8
(Homage to María Victoria Atencia)

© Collection Curator & Blurb writer:
Pedro Larrea

© Translator:
Melissa Frost

© Publisher & Editor-in-Chief:
Marisa Russo

© Editor:
Francisco Trejo

© Layout Designer:
Moctezuma Rodríguez

© Cover Designer:
William Velásquez Vásquez

© Author's photograph:
Personal archive

© Cover Artwork:
Jaime Vásquez
Danza

Operé, Fernando
Purity Demolished/Pureza demolida, Fernando Operé. 1ª ed. New York: Nueva York Poetry Press, 2025, 162 pp. 5.25" x 8".

1. Spanish Poetry   2. Ibero American Poetry

All rights reserved. No part of this publication may be reproduced, distributed, or transmitted in any form or by any means, including photocopying, recording, or other electronic or mechanical methods, without the prior written permission of the publisher, except in the case of brief quotations embodied in critical reviews and certain other non-commercial uses permitted by copyright law. For permissions contact the publisher at: nuevayork.poetrypress@gmail.com.

I

Mis primeras seis décadas
caben en un párrafo.
Así vivió Fernando.
De lo que escribí
la interrogante es el mejor trazo.

Yo sé que en algún pecho
fermentó mi semilla
y creció como un árbol
centinela del crepúsculo.

Pido disculpas por lo que no acabé
y se quedó en tinteros y trajines.
Voluntad no faltó.

La dirección al absoluto
pasa por esta artritis de mi memoria.

En ciertas madrugadas
el deseo es quinceañero
como si surgiera de una recóndita infancia.
¿y si fuera un espejismo?

I

The first six decades of my life
fit in a paragraph.
This is how Fernando lived.
Enigmas left the boldest trace
of what I wrote.

There must be some breast
where my seed fermented
and grew like a tree,
sentinel of the dusk.

I ask forgiveness for what I didn't finish,
left behind in inkwells and comings and goings.
It wasn't for lack of will.

The path to the absolute
runs through my arthritic memory.

In certain dawns,
desire is fifteen years old
as if sprung from some shrouded infancy.
And if it were only a reflection?

II

Antes del verso, ¿qué silbido,
luminoso esplendor, descalabro de grises?
¿Qué canto, danza de la hoja,
hiriente vacío, daba forma
al sentimiento? ¿Qué voz, sonido,
bullicio de vida, fue el primero?
¿Qué vocablo, interjección, orden
precisa, agridulce encuentro?

El acero cumplía su roja aventura.
El hielo cancelaba las edades. El agua
alimentaba gota a gota las herencias.
Un rumor de siglos inauguraba lo incierto.

Después, llegó el verbo,
frases con nombres y pronombres,
filigranas de imágenes y ritmos,
y me entregué rendido,
ejercicio primordial del verso y sus metáforas.

II

Before verse, what whistle,
luminous splendor, tempest of greys,
what song, dancing leaf,
aching void, gave form to
feeling? What voice, sound,
hustle and bustle of life, was the first?
What word, interjection, precise
order, bittersweet encounter?

Steel carried out his red enterprise.
Ice erased the ages. Water
suckled lineages drop by drop.
A rumor of centuries unveiled the unknown.

Then came the word,
phrases with names and pronouns,
filigrees of images and rhythms.

And I offered up my being, surrendered,
a primordial exercise of verse
and its metaphors.

III

Estoy enamorado de una mujer
que no me pertenece.
La recuerdo a diario como quien
escucha una respiración obscena.

A la vida la tomo en tragos lentos,
como al viento pampero.
Qué sé yo donde se halla
su epicentro. Mi manía
de indagar en el misterio.
La insistencia por descifrar
la redondez de la lágrima
y la raíz cúbica de la maldad.
Derroche de emoción
de mis mermados ahorros.

III

I am in love with a woman
who doesn't belong to me.
I invoke her memory daily, like someone
who overhears obscene breath.

I consume life in slow sips,
same as the pampas' winds.
What do I know of their epicenter?
My compulsion of rummaging through mystery,
the insistence on deciphering
the roundness of a tear and
the cubic root of malice.
Squanderings of sentiment
from my depleted reserves.

IV

A Laura L. Operé

Hace tiempo que tu caligrafía,
ordenada y limpia, no llega,
será que estás cómoda en un cielo ajeno
que no sabe a tierra húmeda
ni huele a olla.

Será que escribir se ha quedado
para enamorados viejos
o que el correo celestial
tiene también sus agujeros.

Yo echo de menos tu escritura prieta,
la profusión de tus frases,
y el desaliento de la despedida.
También tu conversación palpitante
colgada a un cigarrillo
y esos versos que en arrebato
recitabas en el camino de la tarde.

Te cuento que esperamos otra Lourdes
y estoy seguro que nos traerá
lo que de ti guardamos
como mejor dádiva, tu pecho generoso,
tu esperanza a prueba de trincheras,
y las estrellas que desde el cabello

IV

To Laura L. Operé

It has been a while since your handwriting,
neat and clean, has arrived.
Perhaps you are happy in some foreign sky
that doesn't taste like wet soil
or smell like a cooking pot.

Perhaps letter writing is reserved
for past lovers
or maybe the celestial postal service
has shortcomings of its own.

I miss your tight handwriting,
the profusion of your phrases
and the breathlessness of your farewells.
But also, your conversation, pulsating,
dangling from a cigarette
and those verses that, in an outburst,
you recited through the afternoon.

I share that another Lourdes is on the way,
and I am sure she will bring us
the greatest gift we still keep of you,
your generous breast,
your hope impervious to trenches,

te bajaban desmayadas y tibias
hacia el vientre.

Me pregunto si escribirá
con tu letra alargada de colegiala,
si vestirá tu sonrisa enternecida,
cuando la felicidad toque a rebato
y el firmamento acorte la distancia con tu cielo.

And the stars that fell from your hair,
Faint and warm, to your womb.

I wonder if she will write
with your elongated schoolgirl calligraphy,
if she will wear your tender smile,
when happiness comes to call,
and the heavens shorten the distance to your sky.

V

En esta ciudad se juntan las calles
y las historias, embriagadas
de años y crueldad.
Aunque parezca que el olvido
echa un manto sobre las muertes,
los himnos y las banderas continúan
su trazado de héroes.
Salud México,
país de mariposas migratorias
y duelos de dioses y narcos.

V

In this city, streets and stories meet
drunk from cruelty and the passing years.
Although it may seem that oblivion
throws a shroud over the dead,
the hymns and the flags carry on
with their tracing of heroes.
Salud, Mexico,
country of migrant butterflies
and duels between gods and narcos.

VI

En aquel parque acurrucada
quedó la infancia.

Crecer es un miedo aliñado de incógnitas.

Después la casa construida con torpezas
albergó un qué sé yo, y algunas lágrimas.

Se desperdician las sensaciones
o te las roban un domingo por la tarde
si no estás alerta.

Al final no habrá final.

VI

Childhood was left cowering in that park.

Growing up is a prolonged fear draped in enigma.

Then, the clumsily built house
gives shelter to lord-only-knows-what and a few tears.

Sensations are wasted
or snatched from you on a Sunday afternoon
if you let your guard down.

In the end, the end is not final.

VII

A María Ángeles Pérez López

Esto no está escrito ni yo lo diré:
Dios me libre vaticinar.
Lo mío es la torpe suma y resta
según se consumen los días.

Me cuesta incluso predecir lo vivido,
confusión entre alumbramientos
o las flores que dejé sobre el mármol.

A mi madre la recuerdo
precipitando infancias, es un aprendizaje
que reciclo con gesto de padre.

¿Hay algo que no haya escrito? Tras el otoño
queda la noche y el parque sin pasos.

VII

To María Ángeles Pérez López

Nowhere is it written, and I refuse to pronounce it:
May god forbid me the gift of premonition.
My way is the clumsy addition and subtraction of
      the fleeting days.

It is difficult to foresee a life lived,
confusions amidst enlightenments
or the flowers I left on the marble stone.

I remember my mother
hastening infancies, a lesson
that I recycle through my fatherly motions.

Is there anything left to write? At the end of autumn,
there is only the night and a park without footsteps.

VIII

Ana Guillot

Cien gatos fornican
junto a las vías del tren.

Huele a macho, a sexo precoz
y a pertinaz hollín.

Es la hora de la tarde
cuando el músculo pide reposo
o algo más incierto.
Viajo sin destino
en el tren de la costa.

No es hora de rebelión ni abandono.
Las villas miseria descansan
un murmullo de hambre.

El silencio del crepúsculo
parece redimir al mundo
y a los gatos en los pudrideros.

La tarde se burla de los cerrojos
y entra por puertas y ventanas
con su encendida sonata.

Me acecha el libro de notas en la cartera.

VIII

To Ana Guillot

A hundred cats copulate
next to the train tracks.

It smells of male, precocious sex
and stubborn soot.

It is the evening hour
when muscles implore rest
or something more uncertain.
I travel without a destination
on the coastal train.

It is not the time for rebellion or abandonment.
The slums put to rest
their murmur of hunger.

The silence of the dusk
seems to redeem the world
and the cats of the garbage dump.

The afternoon mocks deadbolts
and enters through doors and windows
with his blazing sonata.

My notebook provokes me from inside my pocket.

IX

Propiamente no es un día para festejar
ni para lamentarse rememorando sus pestañas.

De que la amé guardan los relojes el secreto,
pues despierto ahíto de deseos y nostalgias.

Bajo este verano invernal
no estoy dispuesto a morir
del lado equívoco de la muerte.

IX

It is not a proper day to celebrate
or regret the memory of her eyelashes.

The clocks keep the secret of my love
as I awaken, brimming with desire and nostalgia.

Beneath this wintery summer
I am not willing to die
on the wrong side of death.

X

Al llegar a cierta edad
el tiempo es tan breve
como el humor de un niño
y se mofa de las horas malgastadas
y las plegarias.

Quiero ser todo lo que no fui
y acompañar en paz
las sombras cómplices del atardecer.

X

When you reach a certain age
time is so brief
like the temperament of a child
and it mocks ill-spent hours
and prayers.

I want to be all that I wasn't
and peacefully accompany
the complicit shadows of the afternoon.

XI

El cementerio es energía
soterrada y blanca.
¿Quién le dio al ciprés
su espiritual largueza
y al paisaje nostalgias
de amor amargo?
En las cruces,
las plegarias ascienden
como el suspiro de las chimeneas.

Sin misterio la vida
se revuelve en codicia
y olvidadas lápidas.

XI

The cemetery is energy—buried and white.
Who gave the cypress
its spiritual expansion
and the landscape this
nostalgia of bitter love?
At the crossroads, prayers ascend
like sighs from chimneys.

Without mystery, life
revolts in greed
and forgotten gravestones.

XII

Leí en el matutino
que sumamos siete billones
y seguimos contando.
¿Habré de amar a todos,
o levantaré pregones
para acabar con esta sangría de partos?

Siento un temblor bajo las suelas,
Quizá mis rodillas artríticas flaqueen
o es el asma del planeta
añadiendo ceros.

XII

I read in the paper
that we have surpassed seven billion beings and
        counting.
Am I to love each and every one?
or shall I impart proclamations
to end this incessant bleeding of births?

I feel a quake beneath my soles,
perhaps my arthritic knees are giving out
or is it the asthma of the planet,
accruing zeros?

XIII

Desnudo o con solo un calcetín
abandoné la morada.
No eran sus pechos,
alzados murallones,
sino la confusa impericia
del guerrero perdido
en la refriega.

Fueron muchas
las burbujas del champán
y poca la experiencia de la cita.
Qué torpeza de amante,
qué fatídica sensación
del que mucho deseó
y se quedó en la espuma.

XIII

Naked or wearing just one sock
I left the house.
It wasn't her breasts
—raised unscaled walls,
but rather the puzzled incompetence
of a warrior lost
in the fray.

The champagne bubbles
abounded
and experience was slight
in the skirmish.
What a clumsy lover,
such a fateful feeling
of one who desired so much
and was left behind in the foam.

XIV

Desde el piso cuarenta
de un edificio neoyorkino
el mundo es diminuto tablero
de puntos negros, viandantes,
contables, bomberos, pétalos,
geometrías de las calles,
verticalidad de la ciudad,
un sombrero como un cielo
invertido y algunas cosas más.

Y yo, sediento de unos ojos, observo
desde el desfiladero de la Quinta Avenida.

¿Cuántos milagros o crímenes ocurren
al doblar la esquina?
Los peatones evitan
complicidad de los ojos.
Se ignoran entre tanta humanidad
y se funden en el pavimento.

XIV

From the fortieth floor
of a New York City building
the world is a tiny control board
of black dots, pedestrians,
accountants, firefighters, petals,
geometries of streets
the verticality of the city
a hat like a sky
inverted
and a few other things.

And I, thirsty for your eyes, observe
from the Fifth Avenue gorge.

How many miracles or crimes are happening
just around the corner?
Pedestrians avoid
the complicity of the passing gaze.
They ignore each other amidst so much humanity
and melt into the pavement.

XV

Escucha amor
los misteriosos rumores
de la sangre en sus secretos
laberintos. Anótalos
en el tejido que hilvana
nuestra historia.
No dejes que el tiempo
cribe los minutos más puros
hasta deshilacharlos
de su idioma oscuro.

XV

Listen, my love
to the mysterious rumors
of blood in its secret
labyrinths. Write them down
in the thread that weaves
our story.
Don't let time sift the purest moments
until they are frayed
from their dark language.

XVI

Esta tarde los vencejos volaban
aturdidos por el vendaval.
Las ramas peladas del roble
vigilaban las ventanas
trepanando la desnudez de los cuartos.

Ha tiempo el amor perdió su misterio.
Cierto que aún amo algunos imposibles.

El frío se instala en las cornisas
y el camino borroso.
Busco un fuego que huyó
consumido en la edad.
La luz palidece, pero aún canta.

XVI

This evening the swifts flew
disturbed by a gale.
The bare branches of the oak
guarded the windows
perforating the nudity of the halls.

Love has long lost its mystery.
It is true that I still love some impossibles.

The cold has settled into the cornices
and along the shadowy path.
I seek a fire that fled,
consumed in the ages.
The light dims yet still sings.

XVII

El tren huele a tren y a historia.
Brega, gruñe y serpentea.
El viaje es largo desde que desabroché
tu cuerpo y desperté al dolor.

Ni se ha detenido
ni yo he dejado de soñar.
El tren se reinventa en cada curva,
vendimia claros paisajes,
saja como un cuchillo
el confuso silencio de la noche
y un descalabro de sombras

Tren en que la amé
camino de una aventura juvenil
deshecho en lágrimas
y turbado por el resplandor
de sus bruñidos pechos.

XVII

The train smells of trains and history.
It struggles, grunts and winds.
The trip has been weary since I unclasped
your body and awoke to pain.

The train has not stopped,
and I have not stopped dreaming.
The train reinvents itself at every bend.
It ages crisp landscapes
like a knife slicing through
the puzzling silence of the night
and a cataclysm of shadows.

The train where I loved her
on the way to some youthful adventure
dissolved in tears
and disturbed by the glow
of her burnished breasts.

XVIII

A la ciudad la iluminan
los besos en los callejones
y algunas estrellas itinerantes.

A mi sueño le sobran sobresaltos
y dibujos de la muerte.
Me llegan tus cartas y te busco
en un texto que dice nunca.

Sabio es el silencio. La vejez
se embadurna con voces de antaño.

En la tarde me entretengo
con estas reflexiones.

XVIII

The city is brightened by
kisses along the alleyways
and a few passing stars.

My sleep is teeming with revelations
and sketches of death.
Your letters arrive, and I look for you
in a text that says never.

Silence is wise. Old age
is daubed with voices of yesteryear.

In the afternoon, I entertain myself
with these reflections.

XIX

Lloro por el mantel imperfecto
y la mesa sin pan, por los vagos signos,
por la historia desmemoriada.
Lloro por los motivos del dolor.

¿Dónde está la sabiduría
que hemos perdido sabiendo?
Los ciclos de la razón nos apartan del amor
y aproximan al lodo.

XIX

I weep for the imperfect tablecloth
and the table deprived of bread,
for vague signs,
for disremembered history.
I weep for the motives behind pain.

Where is the wisdom
that we lost by knowing?
The cycle of reason moves us far from love
and closer to the mire.

XX

Muchos días acaban así,
yo en tu almohada
y tu soñando cabelleras acuáticas
que van a otros brazos.
¿Qué hace mi frente junto a tu sueño,
y este oscuro abrazo en el páramo de tu sábana?
Amada, ¿hasta cuándo nos buscaremos en los cuerpos?

XX

Many days end like this
I, upon your pillow
and you are dreaming of aquatic tresses
that flow to other arms.
What is my brow doing so close to your sleep?
What of this dark embrace in the wasteland of
 your sheets?
My love, how long will we go on searching
 through our bodies?

XXI

De la infancia me echaron a reglazos,
a golpes de platos rotos
y un corazón de padre
quebrado en la aorta.

Mi lengua perruna
aún lame las cicatrices.
La orfandad ondea en el estudio
junto a la virgencita
de dios sabe qué dios
y los textos de Althusser,
con una pipa que jamás fumé.

De vez en cuando vacío la ceniza
de aquella emoción remota.

XXI

I was thrown out of childhood by the slap of rulers,
the blow of shattered plates
and a father's heart
that broke along the aorta.

My canine tongue
still licks at the scars.
Orphanhood wavers in the study
next to the sweet Virgin
of lord knows what god
and the texts of Althusser,
beside a pipe I never smoked.

Once in a while, I empty the ash
of that remote emotion.

XXII

Tengo fama de algo que no soy,
un yo que me sorprende en la mañana
con un florido clamor de girasoles.
¿Por qué será la noche tan larga
si es sólo una larga noche?

XXII

I am known for something that I am not,
a being that surprises me in the mornings
with the opulent clamor of sunflowers.
Why does the night feel so long
when it's only a long stretch of night?

XXIII

A Mariano y José Luis

Alguien llora en la casa,
¿qué clama la tristeza?
El rumor se extiende por el pasillo,
humedece las fotos, el florero,
destiñe los abrazos
y se lleva los juegos y las risas.

1958 fecha sin mes ni calendario,
sin infancia ni tardes dulces de otoño.
Se nubla el sol en nuestra parcela de soledad.
El recuerdo húmedo escribe otro capítulo
entre charcos y aguaceros.
No pretendo ni puedo olvidar
el negro velo que ella vistió
hasta el postrer día.

XXIII

To Mariano and José Luis

Someone weeps inside the house.
What does this sorrow demand?
The murmur extends through the hallway,
dampens photos, the flower vase,
it erases embraces
and swallows games and laughter.
1958. A date with no month or calendar,
without a childhood or sweet autumn afternoons.
From our parcel of solitude, the sun is clouded.
Humid memory writes another chapter
amongst puddles and downpours.
I do not pretend, nor can I forget,
the black veil she wore
until the day was through.

XXIV

Hay guerras con barro y bayonetas,
la nuestra de cada día está formada
con llagas antiguas que supuran
y fríos bajo las sábanas, donde
las piernas se enredan o rechazan.

La oración se cierne muda, sin verbo
y carente de significado.
Acucia el hueco en los estómagos
y la nana de las cunas,
raro canto a cuya antigua melodía
volvemos los optimistas.

XXIV

There are wars of mud and bayonets.
Ours forms each day
of ancient wounds that weep
and the cold beneath the sheets where
legs are entwined or rejected.

The sentence looms mute without a verb
and void of meaning.
It punctures the pits of stomachs
and the lullaby,
that strange song with ancient melodies
where we, optimists, return.

XXV

En esta historia los pasos se aparejan
como los amantes.
Algunas huellas son de ausencias,
y el mar las disipa.

La luz engaña a la oscuridad
cuando el corazón se aventura
en el bajo hemisferio de las noches largas.

Las sombras secuestran las retinas.
Su derrota requiere algo más
que mi pobre esfuerzo.

XXV

In this story, steps are paired
like lovers.
Absences leave some traces behind
That dissipate in the sea.

Light fools the darkness
when the heart ventures
through the lower hemisphere of long nights.

Shadows hijack retinas.
Your defeat requires something more
than my meager effort.

XXVI

Aprendí los ritmos del cansancio,
y sigo el camino con voluntad
de atleta que no se quiebra
tras una meta imposible.
Seguiré mi camino entre las gentes
en ese sendero largo de cruzados propósitos.

XXVI

I learned the rhythms of fatigue
and I will follow the path with the resolve
of an athlete who doesn't break
after an impossible goal.
I will keep to my path amongst the people
on this long road of purposes crossed.

XXVII

El color del alcohol
es audaz y se inventa
sombras cómplices y dulces vértigos.

No espero que te doblegues
a mis humores y oscuros deseos.
El páramo de los olvidos lo cicatriza todo
sin espacio para los que han sido,
los que agonizaron por ser
o nunca fueron. Los que
abominaron del perdón penitente.

Esta es mi plegaria del laurel.

XXVII

The color of alcohol
is bold and makes up
complicit shadows and sweet vertigos.

I don't expect you to bend
to my moods and dark desires.
The wasteland of oblivion heals everything
without giving space to those who have been,
those who agonized to be,
or those who never were. Those who
abhorred penitent forgiveness.

This is my prayer of laurels.

XXVIII

A Alicia L. Operé

¿Cómo se dibuja el cuerpo del dolor?
¿en qué artería, cordón, zapatos
circulan las amenazas?
¿Cuándo termina el flujo
y se inicia el nirvana, las desesperanzas
calzadas de neblinas, el triple
borrón donde se estancan los sueños?
Noche doblada sin amanecer,
negra sábana a penas cubriendo
la desnudez del cuerpo
y la palidez del diálogo?

XXVIII

To Alicia L. Operé

How is pain drawn on the body?
In what artery, cord, shoes
do threats circulate?
When does the flow end
and nirvana begin, despair
lined with mist, triple
haze where dreams stagnate?
Night folded without dawn–
a black sheet barely shielding
the nakedness of the body
and the pallor of dialogue.

XXIX

Las flores del salón languidecen sin ti.
Falsa noción de las penumbras.
El polvo cuenta la historia
y reverbera en el enjambre de otro día.
¿No es siempre así?

La alcoba repite la pasión de un segundo.
Sin tren ni barca de pescador
todo parece precipitar
la levedad de la vida.

XXIX

The flowers in the hall languish without you.
A false notion of gloom.
The dust tells the story
and reverberates in the swarm of another day.
Isn't it always like this?

The passion of a second echoes through the bedroom.
Without a train or fishing boat,
everything seems to rush
the lightness of life.

XXX

No sé cómo guardar lo inservible,
lo que estorba como un tesoro de nada,
las cenizas de una emoción remota
y los imprecisos aprendizajes del adiós.

XXX

I don't know how to retain the useless,
that which hinders like a treasure of nothing,
the ashes of a distant emotion
and the imprecise lessons of a goodbye.

XXXI

A Miguel A. Zapata

Se me olvidó Granada,
la alta, triste y oscura andaluza.
Se me olvidó en alguna página
mientras me arrodillaba en Manhattan
y hacia genuflexiones al sol
en el páramo de su cuerpo.

Luego un hijo, un imposible amor,
otro abandono, un libro, una aventura o dos.
Querer ser y doblegar la inercia,
dar pan al hambre y versos a la agonía.
Recitar y recordar en Granada,
una tarde de abril, cuando la lluvia desmayada
corría camino de la ciudad,
una y mil veces traicionada.

XXXI

To Miguel A. Zapata

I have forgotten Granada,
the tall, sad, and dark Andalusian.
I forgot on a page
as I knelt in Manhattan
genuflecting at the sun
in the wasteland of her body.

Followed then by a child, an impossible love,
another abandonment, a book, an affair or two.
Wanting to be and bend inertia,
to feed bread to hunger and verses to agony.
To recite and remember in Granada,
one afternoon in April when the faint rain
ran through the city,
one and a thousand times betrayed.

XXXII

A Donna H. Goodwin

Calles vacías de Washington,
en la esquina un viejo vomita palabras
que no alzan el vuelo.
Son voces de ciego, ruidos
de un hondo y negro rencor.
Dicen los escombros
del que se fragmentó
en el lado equívoco de la vida,
resbaló antes de la última profecía
y agoniza en la esquina del hotel
en el que descansaré quizás
antes de mi última cena.

XXXII

To Donna H. Goodwin

Empty streets of Washington,
in the corner an old man vomits words
that do not take flight.
These ramblings of a blind man, noises
of deep and dark resentment.
This says the rubble
from which he was splintered
on the wrong side of life,
he slipped before the last prophecy
and now dies in the corner of the hotel
where I will perhaps rest
before my last supper.

XXXIII

A Vicente Villanueva

Como una raya de tinta sin luz,
violín sin solfa,
cruzo el paisaje de esta tierra
peregrina de Santiago.
En mi pecho da vueltas
la incertidumbre
como las ruedas de mi bicicleta
y el carillón de la torre.

Es la hora del crepúsculo.

Es mi cansancio feliz.

Camino.

XXXIII

To Vicente Villanueva

Like a trace of ink without light,
a violin without a solfa,
I cross the landscape of this pilgrim
land of Santiago.
In my chest
uncertainty turns
like the wheels of my bicycle
and the toll from the bell tower.

It is the hour of twilight.

It is my happy weariness.

Camino.

XXXIV

La sonrisa de Robin Williams
anuncia su muerte y musita en su oído.
La comedia brega con la tragedia
para ahuyentarla.
Una fotografía fragmentada
junto al lugar del frío.
Piel de mate mortecino.
Corros taurinos
de fuegos de neón en Hollywood
el día de los premios.

Adiós tristeza.

XXXIV

Robin Williams' smile
announces his death and whispers in his ear.
Comedy grapples with tragedy
to scare it off.
A fragmented photograph
next to the cold place.
Dull matte skin.
The fighting bulls
of neon fires in Hollywood
on the day of the awards.

Goodbye, sorrow.

XXXV

Lo que le ocurrió a aquel hombre,
tristemente alegre, decididamente óseo,
libre, amorosamente cautivo,
solo lo saben las estrellas.
Una sonrisa enmascara su miedo
una mueca de dolor en carcajada.
No se entiende este final ni su silencio.
Su grandeza titubeó un instante,
el parpadear de la vida
con el gesto teatral de Hamlet.

Angustia de estar vivo
y que no lo sepa nadie.

XXXV

What happened to that man,
sadly joyous, decidedly bony,
free, lovingly captive,
only the stars know.
A smile masks his fear
a grimace of pain in laughter.
This end is incomprehensible, like this silence.
His greatness wavered for a moment,
the flickering of life
with the theatrical gesture of Hamlet.

The anguish of being alive
when no one knows it.

XXXVI

Entre los barrancos de la costa
hay guijarros y sílices
que expurgan la espuma negra de la noche.
Es tierra brava
que el mar se empeña en suavizar
con sus constantes caricias.
El aleteo constante de las gaviotas
recuerda la inmensidad del cielo.
La eternidad se expresa en un vaivén marino.
No soy un místico
sino un enamorado del planeta.

Me santiguo contemplando
el rojo atardecer
y rozando la cruz de tus pezones.

XXXVI

Tucked in the ravines of the coast
there are pebbles and silicas
that purge the black foam of the night.
It is wild land
that the sea insists on softening
with constant caresses.
The relentless flapping of the seagulls
recalls the vastness of the sky.
Eternity is expressed in a sea sway.
I'm not a mystic
but a lover of the planet.

I cross myself contemplating
the red sunset
brushing the cross of your nipples.

XXXVII

Me quedan pocos días para recordarte.
Te desdibujas incluso en las fotografías
donde tus senos rivalizan con las amapolas.
Las preguntas son otras y la piel encallece.
No sé si quemar las fotos
e incendiar el archivo de los recuerdos.
Te encontraré en alguna biografía apócrifa
que escriba con pseudónimo
aquello que nunca se supo ni ocurrió,
sobre una desdicha de papel y tu pelo.

XXXVII

I have very few days left to remember you.
You fade even in photographs
where your breasts rival poppies.
The questions have changed, and skin becomes
        calloused.
I wonder if I should burn the photos
and set fire to the memory archive.
I will find you in some apocryphal biography
written under my pseudonym,
 remaining unknown and unfinished,
about a paper misfortune and your hair.

XXXVIII

Tras un silencio de estepa
la barba ha crecido en el mentón.
Es un matorral de ásperos velos,
blancos los tallos e invernal la sonrisa.
Es tupida, salvaje, digna y nostálgica.
Habla de la que fue, barba montaraz
de los días de relámpago.
Esconde el rostro y lo dulcifica,
geografía que desde los pómulos
narra las edades y sus hazañas.
Es otro yo de aquel inhóspito guerrero
que envolvió en una bola el universo
y lo amasó en una interrogante
con que enfrentar lo imposible.

XXXVIII

After a steppe-like silence,
the beard has grown on the chin.
It is a thicket of coarse veils,
the stems, white; the smile like winter.
It is thick, wild, dignified, and nostalgic.
It tells of what it once was, a feral beard
from the distant days of lightning.
It hides and sweetens the face,
geography that narrates from the cheekbones
past ages and their exploits.
It is a different self from that inhospitable warrior
that once folded the universe into a ball
and kneaded it into a question mark,
a shield to face the impossible.

IXL

Intento olvidar que es lunes,
y que ayer destriparon el cerro
desde el que miraba el resurgir de los otoños
hasta darse un hartazgo de cienos y carbones;
que la casa cerca del puerto es un basurero
de sardinas que olvidaron el mar
ahogadas en alquitrán;
que el rostro que combatió mi beso
tenía ojos como luciérnagas la noche
en que cantaron las sirenas.

IXL

I try to forget that today is Monday,
and that yesterday they gutted the mountain
from where I watched the rebirth of autumns
now so clogged with silt and coal;
the house near the port is a garbage heap
of sardines that have forgotten the sea
choked in tar;
I try to forget that the face that fought my kiss
had eyes like fireflies that night
when the sirens sang.

XL

A María Paz Moreno

Estos pequeños sorbos del día
¿son la vida?
Este frenesí de polen,
¿es el vuelo?
Esta indecisión de la ola,
¿es la metáfora?

XL

To María Paz Moreno

These tiny sips of the day,
are they life?
This frenzy of pollen,
is it flight?
This hesitation of the wave,
is it a metaphor?

XLI

Padre nuestro que no sé si estás en el cielo,
si santificas tu nombre, ni donde queda,
con tanta república, tu reino.
Mi voluntad, -quizás de muchos-
es sobrevivir en esta tierra sedienta
e injusta. El pan nuestro de cada día,
que tu metáfora repartió, escasea.
¿Quién perdonará nuestras deudas?
¿quizás los bancos?
Por mi parte, nadie me debe un chavo.
Así que en eso cumplo.
Bien quisiera yo caer en la tentación
y que la carne me invitase lasciva
hasta el final de mis días,
no la pondré freno. Amén.

XLI

Our father, I don't know if thou art in heaven
if thou hollowest thy own name, or where
thy kingdom lies amongst so many republics.
My will —perhaps the will of many— is to
survive in this thirsty and unjust land. The daily bread
that thy metaphor parsed out, is scarce.
Who will forgive our trespasses and debts?
The banks, perhaps?
As for me, no one owes me a thing.
So, in that way, I obey.
I would very much like to fall into temptation
and let lewd flesh summon me
until the end of my days.
I will not pass it by. Amen.

XLII

En el patio mudo del planeta
donde ya solo corren las lagartijas
hay ropa tendida que alguien olvidó.
Emula banderas requiriendo la paz.
Vano esfuerzo.
Los muertos no indagan en territorios ajenos
ni el sol alcanza a detener la hemorragia.

XLII

In the silent patio of the planet
where only lizards scurry,
someone left forgotten clothes
drying on a line.
They emulate flags for peace.
A vain effort;
The dead do not wander into distant lands
and the sun cannot stop the bleeding.

XLIII

La ciudad trasciende el carnaval
y rememora el luto de las máscaras.
El cansancio y el insomnio
rasgan la noche en cualquier esquina.
¿Quién se detuvo en el semáforo
que nunca clamó rojo?
¿Qué parpadeo frenó
el fluir de la arteria?
Me sorprende la impavidez
con que contemplamos
los guiños de la muerte.

XLIII

The city transcends carnival
and recalls the mourning of masks.
Exhaustion and insomnia
rip away the night on any given corner.
Who stopped at the traffic light
that never cried red?
What blink of an eye halted
the flow of the artery?
I am startled by our impartiality
as we contemplate
the nods of death.

XLIV

Se preguntaría por la prole,
diría que llegaron al mundo desamparados.
Recordaría las tardes de luna
frente al mar,
y el lento descender por la blusa
avasallando botones.
Recordaría la lúdica batalla
y el milagro imposible
de abatir al enemigo
de corazón de hielo.

Al final dudaría de cuáles son
las amorosas voces y dónde termina
la agonía de los minutos.

XLIV

He would wonder about his offspring
and say they came into the world destitute.
He would remember the moonlit nights
spent contemplating the sea,
and the slow descent down a blouse
ambushing buttons.
He would recall the playful battle
and the impossible miracle
of vanquishing the enemy
with a frozen heart.

At the end, he would question which voices were loving
and where minutes end their agony.

XLV

Rumio palabras porque nutren.
Las repito con la pasión
del que bebe de las fuentes
de una lengua universal.
Ya sé que nada es eterno,
ni mi declaración de amor
ni el amor que te profeso.
Mi eternidad cabe en un vaso de agua
o en diez minutos.
Un simple trago.

XLV

I ruminate on words because they nourish me.
I repeat them with the passion
of one who drinks deep from the springs
of a universal language.
I know nothing is eternal,
not my declaration of love
or the love that I profess to you.
My eternity fits in a glass of water
or ten minutes.
One simple swallow.

XLVI

Me sentaré en el frágil sillón
de la esperanza y me dará
la entrepierna la noticia.
Me agarraré al escritorio
como a una tabla el náufrago,
y será de poesía la tarde irredenta.

Amasaré con los pies las hojas caídas
y azuzaré a la memoria para agrupar el pasado.
La nostalgia, a veces,
emborrona todo lo que toca.

XLVI

I will sit in the fragile armchair
of hope and my lap
will give me the news.
I will hold fast to the desk
like a castaway that clings to wreckage,
and the irredeemable afternoon will be of poetry.

I will knead the fallen leaves with my feet
and prod my memory to collect the past.
Nostalgia, at times,
blurs everything it touches.

XLVII

En la noche el autobús prosigue
la horizontalidad del tiempo.
La oscuridad no es ajena.
Su esperanza es alcanzar la luz de madrugada
y resucitar en una tierra prometida
o en la cocina materna.

Orfandad de cada día.
¿Qué brazos recibirán mi último cansancio?
Me dejo acunar por el ritmo nocturno
de los neumáticos.
Tal vez despierte en Ítaca.

XLVII

Through the night, the bus follows
the horizontality of time.
Darkness is no stranger.
It hopes to reach the light of dawn
And be resurrected in a promised land
or his mother's kitchen.

The orphanhood of each day.
What arms will welcome my final weariness?
I let myself be cradled by the nocturnal rhythm
of the spinning tires.
Perhaps I will awake in Ithaca.

ILVIII

A Natalia Porta

El sueño del río Negro
es de brea. Río sin esperanza de mar.
Los pasos resuenan en la costanera.
Tardes de mates compartidos.
Sed sin saciar. Labios que dan cuenta
de su amargura y los silencios
de los ahogados.

ILVIII

To Natalia Porta

The Negro River dreams
of tar. A river with no hopes of the sea.
Steps echo on the boardwalk.
Afternoons of shared mates.
Thirst, unsatiated. Lips that become aware
of their bitterness and the silences
of the drowned.

IXL

Nunca un río fue tan mar
ni tan astral su fondo.
El Paraná es ajeno al dolor
y el desgaste de las pieles.
Paternidad unida al agua ancha del Iguazú
y la sangre disuelta del Bermejo.
Nunca fue tan celestial su noche
ni tristes los costados de las barrancas.

Barrancas del Paraná
contigo se irán las penas
antes que llegues al mar.

IXL

Never had a river been such an ocean,
its depths, so astral.
The Parana is a stranger to pain
and the weathering of hides.
Paternity attached to the broad waters of Iguazu
and the dissolved blood of the Bermejo.
Never had its night been so celestial
nor the slopes of its canyons so sad.

Ravines of the Parana:
woes will flow to you
before you reach the sea.

L

Tres ángeles custodian
la vastedad de la tarde.
Sobre sus pedestales compiten
con el anuncio de McDonald.
Juegan a ser ángeles custodios
pero evitan la grasa.
Hacia el firmamento dirigen
sus trompetas celestiales.
Alguien los olvidó desde la última navidad.
Son ahora *trade-mark*
en una calle de colillas y vallas.
Las oraciones apenas enjuagan
la tráquea de las trompetas.
¿Dónde desemboca esta avenida sin alma?

L

Three angels guard
the vastness of the afternoon.
From their pedestals, they compete
with the McDonald's sign.
They pretend to be guardian angels
but avoid trans-fat.
Towards heaven, they direct
their celestial trumpets.
Someone forgot them after last Christmas.
Now they are the trademark
on a street of cigarette butts and fences.
Prayers barely wash over
the trachea of the trumpets.
Where does this soulless avenue end?

LI

Este otoño rebosa
dulzuras y despedidas.
La paternidad me acosa
con su llamada antigua, turbadora ansiedad.
Siempre entendí la vejez como reto.
Aguardaré junto a los acantilados
la barca que me espera.
Camino hacia ayer
intentando ahuyentar la oscuridad.

LI

This autumn exudes
sweetness and farewells.
Paternity stalks me
with its ancient call, poignant angst.
I have always thought of aging as defiance.
By the cliffs, I will await
the ship that awaits me.
I walk in the direction of yesterday,
trying to chase away the darkness.

LII

Si observo el perfil lejano de aquellas tardes,
las canicas en el jardín primaveral.
Si los barcos de corcho en los ríos de mi fantasía.
Si la vida abandonada a la orilla,
¿qué conservar del fugaz calendario?

Recuerdo con Machado un tren
que cruza la Sierra renqueando.

Si olvidando la niñez
se acumula ancianidad,
ni viejo ni triste estoy.
Solamente angustiado
por este vertido mundial
de sinsabores y tracas.

Yo a lo mío,
que es de todos lo sombrío
y la invención del pasado.

LII

If I observe the distant profile of those afternoons,
marbles in the spring garden,
cork boats in the river of my fantasy,
life abandoned on the water's edge, what to keep
of this fleeting calendar?

I remember, along with Machado, a train that
crosses the mountains, hobbling.

If by forgetting childhood
one gathers old age,
I am neither old nor sad.
Only anxious
from this global spillage
of heartaches and pyrotechnics.

I keep to what's mine,
the shade of all
and the invention of the past.

LIII

Hay casas donde ayer moraban bosques.
Hay chimeneas sin fuego.
Hay gaviotas que aparcan
en cables y antenas.
Hay humos que no son nubes.
Hay vidrios rotos bajo los pasos,
lágrimas que se extienden como el aceite
y náufragos que naufragan
sin puerto su desdicha.

Hay filas de exiliados
mendigando su terruño,
y horas vacías en tráfico.
No hay trabajo y la angustia
continúa su trayecto.
¿Quién se anima al viaje
en este día de turbadora ansiedad?

LIII

Some houses were forests yesterday.
There are chimneys without fire.
There are seagulls that perch
on cables and antennas.
There is smoke that is not cumulus.
There is broken glass beneath footsteps,
tears that dribble like oil
and castaways that drown
their sorrows far from any port.

There are queues of exiles
begging for their fatherland,
and empty hours in traffic.
There is no work, and
anxiety continues down the road.
Who dares travel
on this day of unsettling anxiety?

LIV

La noche no se basta
en su apretada oscuridad,
obscena luna y cielo lácteo.
Tampoco el alba
para iniciar el día,
poner en movimiento los semáforos,
avisar a los relojes,
encender las cafeteras y atestiguar
que la noche anuncia nueva oscuridad,
y hay que estar alerta,
porque el día es de todos,
los que duermen y los que no tienen sueño,
y exige de nuestra pasión y vigilia.
Que de oscuridades yo me basto.

LIV

The night is not enough
in tight darkness,
obscene moon and milky sky.
Neither is the dawn meant
to start the day,
set the traffic lights in motion,
prompt the clocks,
turn on coffee makers and witness
as the night announces new darkness,
and you must stay alert,
because the day belongs to everyone,
those who dream and those who never tire,
and demands our passion and vigilance.
Of darkness, I have my fill.

LV

Porque arrodillarse a lavar los pies
amarga como el vinagre.
Humilla esa postrera postración
de extender la mano
para que caiga una moneda,
abrir la boca mendigando un beso,
y cerrar los labios
certificando la espera.
Dejar que el silencio escurra
su caldo sin substancia
pero castrante. Dios no lo quiera.
Yo no sé qué es peor,
si dormir eternamente
o la agonía de un corrupto nacer
y sus humillantes pasos.

LV

Because kneeling to wash feet
sours like vinegar.
What shame, this hindmost adoration
of reaching out to wait
for a coin to drop,
open your mouth imploring a kiss,
and close your lips
ratifying the wait.
Let the silence drip
this broth lacking substance
that castrates nonetheless. God forbid.
I don't know what is worse,
eternal sleep
or the agony of a corrupt birth
and its humiliating footsteps.

LVI

Alerta por si suben las mareas
y las farolas vomitan,
por si veranea el verano
y los osos no despiertan,
por si la caligrafía
desmerece algún amor lejano.
Por si, en caso de…
alerta, por si mi noche
fuese más que un reclamo.

LVI

Alert in case the tides rise
and the streetlights vomit,
in case summertime comes late
and the bears fail to wake,
in case calligraphy
detracts from some distant love.
Just in case, in case ...
alert, in case my night
becomes more than a grievance.

LVII

A Tina Escaja

Colecciono relojes
pero no sumo los días.
Ya se encargan mis cansadas piernas
y el furtivo calendario.

Me gusta su tic-tac,
el corazón cardíaco,
la precisión con que anuncian
primaveras, aunque
no huelan las madreselvas
ni oteen atardeceres.
Son fieles como los seres que amo.

Otro suspiro se va
y no reclamo,
qué redonda sensación.

La eternidad es un segundo petrificado.

LVII

To Tina Escaja

I collect clocks,
but I don't count the days.
That toil belongs to my tired legs
and the furtive calendar.

I like their tick-tock,
the cardiac heart,
the precision that announces
the spring, even though
they can't smell the honeysuckle
or scan the falling night,
they are as faithful as the ones I love.

Another sigh departs
and I keep still,
what a circular sensation.

Eternity is a second, petrified.

LVIII

Voy a cantar a las viudas
que lloran solo por un ojo,
y a los viudos de una tarde.
La soledad les husmea el sexo
como perro faldero, y acaban
llorando desde los acantilados
mientras miran los barcos que se alejan.

Son viudas de la almohada,
plañideras los días de bodas.

Mi canto es de coro.
Mi vocación milenaria.
Mi dicha de los inocentes.
Viudo también de algún amor
o muchos de ellos.

LVIII

I will sing to the widows
who weep from only one eye,
and the widowers of an afternoon.
Solitude nuzzles their sex
like a lap dog, and they
cry from the cliffs
as they watch the ships leave port.

They are widows of the pillow,
weeping on wedding days.

My song is a chorus.
My vocation is millenary.
My joy belongs to the innocent.
I am the widow of a love
or perhaps many.

LIX

Orkney Islands

Cuando regrese, si es que regreso,
el mar seguirá ordenando el horizonte
y las gaviotas enhebrando arabescos.

El paisaje será paisaje con nubes y colinas,
un malecón gestionando las borrascas
y el indómito resistir de los acantilados.

Yo me habré ido con mi tiempo a cuestas
y el paisaje celebrará el triunfo
del segundo detenido en la retina.

La brisa agitará las yerbas
hasta formar la escueta acuarela de un instante.

LIX

Orkney Islands

When I return, if I return,
the sea will go on forming the horizon,
 the seagulls, lacing arabesques.

The landscape will be a landscape of clouds and hills,
a boardwalk tempering the gales
and the untamed resistance of the cliffs.

I will be gone with my time in tow.
The landscape will rejoice in the triumph
of a second crystalized on the retina.

The breeze will stir the grass
until it forms the brief watercolor of an instant.

LX

Mi vecino se resiste a escribir la esquela
a su muerte, tan simple
e injustamente ganada.
El silencio excede a cualquier instrumento.
Se figura que debe llorar y humedecer
compungido el hueco del pecho.
Pero no surgen las lágrimas
ni las palabras asoman al labio.
Se siente más solo que el palomar del domingo.
No adivina que la pena acorralará
la noche e inundará de frío las sábanas.
Intenta inútilmente adivinar la sombra de la muerte
y un cielo sin ángeles ni demonios.

LX

My neighbor refuses to write the notice
of his death, so simply
and unfairly won.
Silence surpasses any instrument.
He assumes that he must cry and moisten
the contorted hollow of his chest.
But no tears well up,
and no words peer out from his lips.
He feels lonelier than a dovecot on Sunday,
unaware that grief will corner
the night and flood the sheets with coldness.
He tries in vain to recognize the shadow of death
and a heaven without angels or demons.

LXI

Cenaba solo los domingos
y los lunes solo preparaba el té.
Visitaba los martes las fotos
de la boda de sus padres,
y adivinaba la suya que nunca fue.
Los miércoles invitaba al almuerzo a nadie,
asistía solo los jueves a la tertulia del gran café.
Los viernes era el día de salir con el amigo
de la infancia al que nunca volvió a ver.
El sábado daba un paseo acompañado
de su sombra gastada y sus gastados pies.
Y así, semana tras semana, una y otra vez.

La soledad es hermosa cuando se comparte.

LXI

He dined alone on Sundays
and on Mondays, alone, made tea.
On Tuesdays, he revisited photos
of his parents' wedding
and imagined his own that never was.
On Wednesdays, he invited no one to lunch,
alone he attended the great café gathering on Thursdays.
Friday was the day to meet a friend
from childhood whom he never saw again.
On Saturday, he took a walk accompanied
by his tattered shadow and his tattered feet.
And so it was, week after week, over and again.

Solitude is beautiful when it is shared.

LXII

Violentos penetran en el templo de la Democracia
los adoradores del estiércol.
Arrojan sus bilis y metrallas,
y se revuelcan sobre las llagas de la farsa.
No hay paloma que resista
tanta angustia ni diente
que festeje tal festín.

Una marea de voces desciende
por las avenidas y se estrella
contra las columnas de la mansión.
Han encendido un sol de sebo.
El fragor del fuego no alivia
el frío de los corredores
ni el frío de las gabardinas.
Afuera, la marea humana regresa
cincelando sus quejas
en el memorial de las víctimas.

LXII

Violence penetrates the temple of democracy,
worshipers of dung.
They hurl their bile and their shrapnel,
And wallow in the wounds of farce.
No dove can resist
such anguish, nor tooth
to feast on such a banquet.

A tide of voices descends
through the avenues and crashes
against the columns of the mansion.
They have lit a tallow sun.
The growl of the fire does not relieve
the cold of the corridors
nor the chill of raincoats.
Outside, the human tide returns,
chiseling their complaints
upon the memorial of the victims.

LXIII

> *Mi casa era llamada la Casa de las Flores*
> P. NERUDA

Desde la atalaya de la Casa de las Flores
se divisa el rostro seco de Castilla.
Cerca, en el mercado, las merluzas estallan
como en una fantasía Nerudiana.
Los tomates rebotan en las aceras
buscando el mar y sus ecos se extienden
por ese barrio de Argüelles donde Neruda
anticipó el próximo holocausto.

Calle de Rodríguez Sampedro,
geranios estallando en los balcones
y el recuerdo inscrito en la librería
Rafael Alberti donde los libros de historia
apenas hacen justicia
a aquel tiempo de poesía y relámpagos.

LXIII

> *My house was called la Casa de las Flores*
> P. NERUDA

From the balcony of the House of Flowers
you can see the dry face of Castile.
Nearby, in the market, the fish bloom
as within a Nerudian fantasy.
Tomatoes bounce on sidewalks
searching for the sea, and their echoes extend
through this neighborhood in Argüelles, where Neruda
foresaw the impending holocaust.

Rodriguez Sampedro Street,
geraniums bursting on the balconies
and the memory inscribed in Rafael Alberti's
bookstore, where history books
hardly do justice
to that season of poetry and lightning.

ACERCA DEL AUTOR

Fernando Operé es un poeta español, ubicado en Estados Unidos desde 1978. Es profesor de la Universidad de Virginia, amante de la historia, la poesía y el teatro. Montañero y ciclista. Es autor de varias docenas de libros de historia y poemarios. Entre los poemarios destaca: *Paisaje en fondo gris* (Granada 2025*); No todo será perdonado* (Puerto Rico 2022); *El vigilante* (Puebla 2022); *La imprudencia de vivir* (Granada 2018); *Pureza demolida* (Barcelona 2017); *Day Outwits the Clocks* (Georgia: 2017); *Liturgia del atardecer* (Puerto Rico 2016); *Refranero de dudas* (Sevilla 2014); *Ciudades de tiza. Paisajes de papel* (Bilbao 2014); *La vuelta al mundo en 80 poemas* (Madrid 2012). Como historiador destacan: *Fronteras americanas. El sometimiento de los indígenas en Texas y la Patagonia en el siglo XIX* (Barcelona 2025); *España y las luchas por la modernidad* (Barcelona 2018); *Relatos de cautivos en las Américas desde Canadá a la Patagonia, siglos XVI al XX* (Buenos Aires 2016); e *Historias de la frontera. El cautiverio en la América hispánica* (Buenos Aires 2001).

About the Author

Fernando Operé is a Spanish poet who has lived in the United States since 1978. He is a professor at the University of Virginia and lover of history, poetry and theater. He is also a mountaineer and cyclist. He is the author of a dozen of history books and several poetry collections. His most notable titles include: *Paisaje en fondo gris* (Granada 2025); *No todo será perdonado (*2022); *El vigilante* (2022); *La imprudencia de vivir* (Granada 2018); *Pureza demolida* (2017); *Day Outwits the Clocks* (Georgia: 2017); *Liturgia del atardecer* (Puerto Rico 2016); *Refranero de dudas* (Sevilla 2014); *Ciudades de tiza. Paisajes de papel* (Bilbao 2014); *La vuelta al mundo en 80 poemas* (Madrid 2012). As a historian, he is the author of the following titles: *Fronteras americanas. El sometimiento de los indígenas en Texas y la Patagonia en el siglo XIX* (Barcelona 2025); *Historia de un escenario.40 años de teatro en español en la Universidad de Virginia* (Georgia: 2020); *España y las luchas por la modernidad* (Barcelona 2018); *Relatos de cautivos en las Américas desde Canadá a la Patagonia, siglos XVI al XX* (Buenos Aires 2016*).*

Acerca de la traductora

Melissa Frost es profesora en la Universidad de Virginia, donde ha impartido todos los niveles de lengua y literatura española desde 2010. De todas las materias que imparte, la traducción es la que más aprecia, por su inigualable capacidad para profundizar el vínculo entre el lector y el texto. Su amor por la literatura y la poesía se arraigó en su infancia en México, donde el arte público y la poesía formaban parte de la vida cotidiana. A lo largo de los años, ha traducido poemas, ensayos y capítulos de libros. Esta es su primera contribución a una colección completa de poesía.

About the Translator

Melissa Frost is a professor at the University of Virginia, where she has taught every level of Spanish language and literature since 2010. Of all the subjects she teaches, translation is the one she holds most dear for its unmatched capacity to deepen the bond between reader and text. Her love for literature and poetry took root in her childhood in Mexico, where public art and poetry were woven into everyday life. Over the years, she has translated poems, essays, and book chapters. This marks her first contribution to a complete collection of poetry.

ÍNDICE

Pureza demolida
Purity Demolished

I.	·	10
II.	·	12
III.	·	14
IV.	·	16
V.	·	20
VI.	·	22
VII.	·	24
VIII.	·	26
IX.	·	28
X.	·	30
XI.	·	32
XII.	·	35
XIII.	·	36
XIV.	·	38
XV.	·	40
XVI.	·	42
XVII.	·	44
XVIII.	·	46
XIX.	·	48
XX.	·	50
XXI.	·	52
XXII.	·	54
XXIII.	·	56
XXIV.	·	58
XXV.	·	60
XXVI.	·	62

XXVII.	·	64
XXVIII.	·	66
XXIX.	·	68
XXX.	·	70
XXXI.	·	72
XXXII.	·	74
XXXIII.	·	76
XXXIV.	·	78
XXXV.	·	80
XXXVI.	·	82
XXXVII.	·	84
XXXVIII.	·	86
XXXIX.	·	88
XL.	·	90
XLI.	·	92
XLII.	·	94
XLIII.	·	96
XLIV.	·	98
XLV.	·	100
XLVI.	·	102
XLVII.	·	104
XLVIII.	·	106
XLIX.	·	108
L.	·	110
LI.	·	112
LII.	·	114
LIII.	·	116
LIV.	·	118
LV.	·	120
LVI.	·	122
LVII.	·	124

LVIII.	· 126
LIX.	· 128
LX.	· 130
LXI.	· 132
LXII.	· 134
LXIII.	· 136
Acerca del autor	· 140
About the author	· 141
Acerca de la traductora	· 142
About the translator	· 143

Colección
PARED CONTIGUA
Poesía española
(Homenaje a María Victoria Atencia)

1
La orilla libre / The Free Shore
Pedro Larrea

2
No eres nadie hasta que te disparan /
You Are Nobody Until You Get Shot
Rafael Soler

3
Cantos : & : Ucronías / Songs : & : Uchronies
Miguel Ángel Muñoz Sanjuán

4
13 Lunas 13 / 13 Moons 13
Tina Escaja

5
Las razones del hombre delgado
Rafael Soler

6
Carnalidad del frío / Carnality of Cold
María Ángeles Pérez López

7
As posturas do día / Las posturas del día / After Dark
Emma Pedreira

8
Pureza demolida / Purity Demolished
Fernando Operé

POETRY
COLLECTIONS

ADJOINING WALL
PARED CONTIGUA
Spaniard Poetry
Homage to María Victoria Atencia (Spain)

BARRACKS
CUARTEL
Poetry Awards
Homage to Clemencia Tariffa (Colombia)

BORDERLAND / *FRONTERA*
Hybrid Poetry
(Spanish - English)
Homage to Gloria Anzaldúa
(U.S.A Chicana Author)

CROSSING WATERS
CRUZANDO EL AGUA
Poetry in Translation (English to Spanish)
Homage to Sylvia Plath (United States)

DREAM EVE
VÍSPERA DEL SUEÑO
Hispanic American Poetry in USA
Homage to Aida Cartagena Portalatín (Dominican Republic)

FEVERISH MEMORY
MEMORIA DE LA FIEBRE
Feminist Poetry
Homage to Carilda Oliver Labra (Cuba)

FIRE'S JOURNEY
TRÁNSITO DE FUEGO
Central American and Mexican Poetry
Homage to Eunice Odio (Costa Rica)

INTO MY GARDEN
English Poetry
Homage to Emily Dickinson (United States)

I SURVIVE
SOBREVIVO
Social Poetry
Homage to Claribel Alegría (Nicaragua)

LIPS ON FIRE
LABIOS EN LLAMAS
Opera Prima
Homage to Lydia Dávila (Ecuador)

LIVE FIRE
VIVO FUEGO
Essential Ibero American Poetry
Homage to Concha Urquiza (Mexico)

REVERSE KINGDOM
REINO DEL REVÉS
Children's Poetry
Homage to María Elena Walsh (Argentina)

STONE OF MADNESS
PIEDRA DE LA LOCURA
Personal Anthologies
Homage to Alejandra Pizarnik (Argentina)

TWENTY FURROWS
VEINTE SURCOS
Collective Works
Homage to Julia de Burgos (Puerto Rico)

VOICES PROJECT
PROYECTO VOCES
María Farazdel (Palitachi) (Dominican Republic)

WILD PAPERS
PAPELES SALVAJES
Latin American Poetry
Homage to Marosa Di Giorgio (Uruguay)

WILD MUSEUM
MUSEO SALVAJE
Latin American Poetry
Homage to Olga Orozco (Argentina)

INTERNATIONAL POETRY AWARD
PREMIO INTERNACIONAL DE POESÍA NYPP
Award Winning Authors
Homage to Feature Master Poets

OTHER COLLECTIONS

Fiction
INCENDIARY
INCENDIARIO
Homage to Beatriz Guido (Argentina)

Children's Fiction
KNITTING THE ROUND
TEJER LA RONDA
Homage to Gabriela Mistral (Chile)

Drama
MOVING
MUDANZA
Homage to Elena Garro (Mexico)

Essay
SOUTH
SUR
Homage to Victoria Ocampo (Argentina)

Non-Fiction/Other Discourses
BREAK-UP
DESARTICULACIONES
Homage to Sylvia Molloy (Argentina)

—

In homage to the distinguished poet María Victoria Atencia, whose words affirm that *you cast light —and a sudden shadow— on the landscapes watching me write to you from the wall,* this book was published in New York City in December 2025.

www.ingramcontent.com/pod-product-compliance
Lightning Source LLC
Chambersburg PA
CBHW020053170426
43199CB00009B/268